EXAMEN

DE L'EXPOSÉ DES MOTIFS

DE LA LOI RELATIVE

A L'INDEMNITÉ DES ÉMIGRÉS.

Ouvrages de M. De Pradt, *qui se trouvent chez le même Libraire.*

———◦◦◦———

Antidote au Congrès de Rastadt, suivis de la Prusse et de sa neutralité; nouvelle édition de ces deux ouvrages; 1 gros vol. in-8.   8 fr.

Des Colonies et de la Révolution actuelle de l'Amérique; 2 vol. in-8.   15 fr.

Congrès de Carlsbad, première et deuxième parties; 2 vol. in-8.   6 fr.

Congrès de Vienne, 2 vol. in-8. Paris 1816 (*très rare*).   36 fr.

De la Révolution actuelle d'Espagne et de ses suites; 1 vol. in-8.   4 fr. 50 c.

De la Grèce dans ses rapports avec l'Europe; 1 vol. in-8.   2 fr. 50 c.

Des Progrès du Gouvernement représentatif en France; 1 vol. in-8.   1 fr. 25 c.

De l'affaire de la Loi des Elections, 2ᵉ édition, revue et corrigée; 1 vol. in-8.   6 fr.

De la Belgique, depuis 1789 jusqu'à 1794, 1 vol. in-8.   3 fr.

Examen du plan présenté aux Cortès pour la reconnaissance de l'indépendance de l'Amérique espagnole; 1 vol. in-8.   2 fr. 50 c.

L'Europe et l'Amérique en 1822 et 1823; 2 vol. in-8,   9 fr.

Extraits de l'introduction à l'Histoire de Charles-Quint, et Précis des troubles civils de Castille, 1823; 1 vol. in-8.   5 fr.

EXAMEN

DE L'EXPOSÉ DES MOTIFS

DE LA LOI RELATIVE

A L'INDEMNITÉ DES ÉMIGRÉS,

LU DANS LA SÉANCE DU 4 JANVIER 1825.

PAR M. DE PRADT,

ANCIEN ARCHEVÊQUE DE MALINES.

PARIS,

BÉCHET AÎNÉ, LIBRAIRE-ÉDITEUR,

QUAI DES AUGUSTINS, N° 57.

1825.

IMPRIMERIE DE HUZARD-COURCIER,
Rue du Jardinet, n° 12.

EXAMEN

DE

L'EXPOSÉ DES MOTIFS

DE LA LOI RELATIVE

A L'INDEMNITÉ DES ÉMIGRÉS.

Il faut donc rentrer dans la carrière ; la voix de la patrie m'y rappelle, elle a daigné accepter une première offrande. Dans ce moment, je viens joindre un nouveau travail à ceux dont des mains habiles et zélées lui offrent chaque jour le tribut. L'Europe et la France ont les yeux fixés sur la question qui nous occupe ; c'est en vain qu'on voudrait lui donner des bornes, rien ne peut l'empêcher de se déployer dans toute l'étendue que lui assigne sa nature propre. Pour égaler la discussion au sujet, écartons donc également la pusillanimité qui dissimule, la tiédeur qui allanguit, la personnalité intéressée qui voile ou qui déguise la vérité, la provocation qui irrite, l'inconvenance qui choque et qui refroidit sur les meilleures causes ; ne voyons que les intérêts d'un grand peuple, et parlons-en avec le respect qu'ils sont faits pour inspirer.

Quand nous avons écrit la première fois sur cette question, elle sommeillait encore, nous avancions à pas mesurés et craintifs dans une route dépourvue de guides et de points de ralliement. Alors la France était silencieuse et comme absorbée dans cette résignation où jette l'aspect de l'impuissance ou de l'inutilité des efforts ; aujourd'hui tout est examen, attention, recherches, discussions, réclamations, là où naguère la pensée s'arrêtait à peine, ou bien allait se perdre dans le désespoir. Qui a produit ce changement ? Qui a fait ce peuple nouveau ? L'apparition d'une idée juste. Faites apparaître une vérité simple, et d'intérêt public parmi un peuple d'un esprit actif et cultivé, dans un instant elle a passé de rang en rang, elle est devenue le langage général ; l'électricité ne court pas avec plus de rapidité ; heureux qui, en écrivant, peut se flatter d'avoir à comparaître devant un auditoire doué à ce degré des dons de la nature et de ceux de la civilisation.

Les choses en sont donc venues à ce point parmi

nous; la France entière est imbue de tout ce qui entre dans la composition de la question de l'indemnité de l'émigration ; principes, faits, conséquences, tout est connu, les nuances ne sont plus dans les choses, mais seulement dans la couleur que, d'après les degrés de sa culture intellectuelle, chacun peut leur prêter, car au fond, tout le monde est d'accord ; peut-être que jamais l'opinion publique ne fut ni plus marquée ni plus ferme. C'est dans cet état de choses qu'a apparu l'exposé des motifs lu dans la séance du 4 janvier.

Ici qu'il soit permis de suspendre un moment l'examen de cet acte, pour reporter les idées vers un objet d'une grande considération. Une affaire d'une haute importance s'élève dans une nation ; elle est de nature à dépendre en grande partie de la détermination du gouvernement ; en attendant qu'il manifeste sa pensée, les opinions diverses circulent, se choquent ; à son tour il paraît ; à son aspect le silence s'établit partout, on dirait les murmures des forêts se taisant à la fois aux premiers éclats du tonnerre. En effet, que d'idées ne porte pas avec elle l'apparition du gouvernement dans une cause ! Dans ce moment, tous les attributs qui le caractérisent se présentent à la fois devant toutes les imaginations : la lumière inhérente à l'élévation d'un poste qui domine tout l'horizon politique, l'impartialité qui tient la balance égale entre tous les intérêts, la franchise qui conserve à tous les objets leur couleur naturelle, la supériorité de la raison qui chasse pour ainsi dire devant elle les pensées du vulgaire, et qui lui impose la conviction; on croit voir un être supérieur qui commande alors même qu'il consent à discuter; dès que le gouvernement s'apprête à parler, on se sent disposé à entendre *os magna sonaturum,* dont le poète a fait l'attribut distinctif des favoris du dieu du Parnasse. Ces dispositions de la part du peuple sont un hommage pour ceux qui le gouvernent, et un enseignement pour ceux-ci de répondre à cette attente.

Telles sont les réflexions qui naissent à la lecture de l'exposé des motifs lu le 4 janvier. Nous allons rechercher, 1° l'état réel de la question pour laquelle il est fait;

2° Ce que dit cet exposé;

3° Ce qu'il ne dit pas;

4° Les conséquences de cet exposé.

En nous livrant à ce travail, nous remplissons nos devoirs de citoyen; à la fois nous exerçons les droits que nous confère ce titre; nous n'opposons pas autorité à autorité; ici, il n'y en a pas encore d'autre que celle de la raison, tant que la loi n'a pas revendiqué ceux de son autorité propre. L'indemnité est une question de *famille*, d'une partie de la France à l'égard de l'autre, toujours quelque chose de doux se fait ressentir sous ce nom de *famille*. La liberté de la discussion a été loyalement laissée jusqu'ici, nous en profiterons avec la modération qu'inspirent toujours la reconnaissance et le libre exercice d'un droit.

Etat réel de la Question.

Elle se compose, 1° de l'historique de la révolution; 2° de l'historique de l'émigration; 3° de l'historique de la confiscation; ce sont trois parties inséparables, et dont la réunion forme et complette l'instruction de ce grand procès, comme l'a appelée M. de Châteaubriand; en quoi il a parlé fort correctement, car il y a procès toutes les fois qu'il y a *un demandeur et un défendeur*; et il n'y a rapport véritable d'une affaire que lorsque toutes les pièces à charge et à décharge sont exposées. Si une partie pouvait se croire fondée à réclamer contre la prétermission d'une pièce essentielle, décisive, le rapport serait-il complet? serait-il fait dans la règle du droit? ne donnerait-il pas ouverture légitime à faire reviser et casser l'arrêt. Il en est de même dans cette question que j'appellerai déplorable, car elle est telle, qu'on ne peut pas la présenter sous les auspices du *droit* ; on sent qu'il est en accusation continuelle contre elle. Il faut donc se faire un terrain excentrique à la question elle-même, et chercher dans les considérations d'un ordre secondaire, ce que le *droit* refuse. Il est évident que dans cette occasion on a été amené à procéder ainsi ; loin de nous toute intention ou parole accusatrice ; attribuons tout au désir du maintien de la paix publique ; mais résulte-t-elle nécessairement de cette manière de présenter la question ? est-il au pouvoir des mortels d'effacer l'histoire d'un trait de plume, d'éteindre la mémoire des hommes, d'étouffer les souvenirs excités par tant d'intérêts ? Le mal n'est pas dans la franchise de cette discussion, il est tout entier dans la présentation de la question ; du moment qu'il a été parlé d'indemnité pour les émigrés, n'a-t-on pas dû voir reparaître sur la scène toute la révolution ? Comment l'empêcher ? comment interdir ces recherches, et fixer les esprits sur le seul point où l'on voulait les amener ? N'était-ce pas au contraire le moyen de les exciter à se porter plus en avant ? et dans l'impossibilité d'échapper à ce mouvement investigateur, n'était-il pas d'une saine politique d'en prendre l'initiative, et, en se plaçant rapidement à la tête des explorateurs, de prévenir les déviations par l'exposé le plus plein, le plus complet de la question, en réservant toutes les forces de l'argumentation pour faire prédominer les hautes considérations propres à déterminer une société à de grands sacrifices. Une marche aussi solennelle était propre à porter de l'apaisement dans les esprits, et par sa nature, la conviction est toujours voisine de l'apaisement ; il est à regretter que cette méthode n'ait pas été suivie. Comme on pense bien, ce ne sont pas des conseils que j'adresse à des adversaires, encore moins des reproches, ce sont des considérations sur la manière dont on traite les affaires au temps actuel, dans lequel rien n'est plus rare qu'une exposition complette du sujet, et où l'on se borne généralement à faire ressortir un ou deux points pour arriver à un effet attendu. Dans mon premier écrit, j'avais consacré un chapitre à signaler cette méthode ; il semble que j'eusse le pressentiment de ce qui vient d'arriver, et que déjà j'entendais cet exposé.

Aussi qu'est-il arrivé ? On a cherché la question dans la question même ? A la fois il a été trop et trop peu dit sur les causes de la question, trop ou trop peu dit du *droit* et de la justice ; l'allure du rapport s'est ressentie de la gêne de sa position ; sa marche en est restée embarrassée, incertaine, sans bases fixes ; il a fallu faire de nombreux emprunts à l'art oratoire pour couvrir le vice du fond, l'oubli du *droit*. Celui-ci était si dominant qu'il grandissait à la vue, à mesure que l'on cherchait à l'y dérober; *præfulgebant eo ipso quod non videbantur*.

Aux grandes affaires, les grands partis : dans celle-ci, il fallait se séparer franchement de tout ce qui a trait à l'émigration, et à part d'elle présenter des considérations d'intérêt public irrésistibles pour tout esprit bien fait; ou dans l'impossibilité de se détacher du pénible entourage qui obstrue les abords de cette question, il fallait, dis-je, sceller de nouveau et de plus fort la pierre de son tombeau. Quelle est la question pour laquelle on ne puisse pas faire valoir quelques raisons? qui en a jamais manqué? Mais qu'importe, si la persuasion ne marche pas à leur suite? de plus, qu'importe cette persuasion, si elle n'agit que sur des hommes intéressés à cette conviction? si elle ne se communique pas au dehors d'un cercle donné? si elle reste, pour ainsi dire, *intrà privatos parietes ?* Sans doute, un effet voulu sera obtenu; mais quelle impression cette obtention même laissera-t-elle dans les esprits? Les gardiens des intérêts publics ont-ils eux-mêmes intérêt à d'autres convictions qu'à celles qui s'établissent au sein des nations qu'ils dirigent et dont ils ont à chaque instant à invoquer le secours.

L'exposé a pu convaincre des hommes convaincus déjà par leur intérêt ou soumis par une position personnelle à une conviction apparente, mais hors de ce cercle qui a-t-il atteint ?

Si du sein des auditeurs une voix s'était élevée et avait fait entendre ces paroles : Qu'était cette révolution dans laquelle on ne trouve à citer que *des fureurs et des folies?* S'est-elle donc uniquement composée de ces deux élémens ? En elle n'y a-t-il donc eu que ridicule et crime ? Quel pouvoir magique fait disparaître tout d'un coup les trois siècles de travaux qui ont créé les lumières qui ont présidé à la formation de cette révolution ; les génies qui en ont aplani les voies ; les excès, les abus, les faiblesses qui en ont amené l'explosion, et qui la faisaient désirer par ceux qui la proscrivent aujourd'hui ? Que sont devenus les combats, les intrigues qui en ont rempli le cours ? A qui les dépouillés doivent-ils leurs malheurs ? S'est-t-on jeté sur des hommes tranquilles dans leurs foyers, exempts de toute participation à des attaques ouvertes ou secrètes ? la cupidité a-t-elle dit à l'innocence : J'ai besoin de tes dépouilles, et comme à l'agneau timide, je prendrai ton sang

pour avoir ta toison ! Ce langage a-t-il été tenu
à tous ? Pourquoi en couvrant d'opprobre les
lois de confiscation, fuir les longues délibéra-
tions qui les ont précédées dans ces enceintes lé-
gislatives où paraissaient aux premiers rangs plu-
sieurs de ceux qui se montrent encore dans
celle-ci ? Que l'on confronte leurs paroles de ce
temps avec celles de celui-ci, pour nous mettre
à portée de bien juger des choses, et les rétablir
telles qu'elles furent au temps auquel se rap-
portent des indications insuffisantes pour nous
diriger sûrement dans un examen qui touche à
des intérêts trop nombreux et trop graves pour
en livrer la décision au hazard des demi-mots,
des demi-aveux et des allégations que leur art
et leur vague vouent un peu à la méfiance.
Voyons s'il y aurait eu fondement ou témérité
dans cette interpellation. L'exposé contient deux
parties, l'une a rapport à l'allocation de l'indemnité en principe; l'autre au mode de la
dispensation de cette indemnité et aux moyens
d'y pourvoir. Ainsi, la première est une question de droit public, la seconde une disposition
financière ; j'ai peu à dire sur celle-ci, l'autre ,
est plus dans ma compétence.

« Article 1er. Il est alloué une indemnité aux
Français anciens propriétaires des biens-fonds

situés en France, confisqués et vendus au profit de l'État, en exécution des lois sur les émigrés. »

Voici le commentaire à l'appui, tel que le porte l'exposé :

« Les motifs de cette proposition n'ont pas besoin d'être
» longuement développés devant vous. Lorsque les tem-
» pêtes politiques sont calmées, lorsque le règne des pas-
» sions et des partis est arrivé à son terme, la raison et la
» vérité se font entendre d'elles-mêmes ; ce qui est géné-
» reux et juste, ce qui est utile est bon, se manifeste à
» tous les esprits et ne veut pas être justifié ni expliqué. (1)

Fort bien ! voilà de fort bons principes ; tout le monde peut les appliquer à ses actes propres, et en faire son profit personnel ; mais quelle est leur application dans le cas actuel ? Elle dépend du principe même de la question, et celui-ci quel est-il ? le droit de l'émigration : or, ce droit est-il si évident que l'on puisse dire à la France : Les orages politiques ont pu seuls soulever et maintenir des nuages sur le droit de l'émigration à une indemnité : mais la sérénité du ciel sous lequel nous vivons, per-

---

(1)⁺ Pour abréger je ne rapporte que les paroles essentielles pour fixer le sens du discours.

met à sa clarté de se manifester, maintenant elle remplit l'horizon, et frappe tous les yeux. Je m'arrête par la crainte d'introduire, en continuant, dans cette discussion quelque chose qui dérogeât à la gravité inséparable des intérêts qu'elle atteint. Eh quoi! la révolution française, le plus grand évènement que le monde ait encore vu, l'émigration, le plus dramatique épisode de cette scène, réduits à ce petit volume qui les fait disparaître sous le voile d'une figure de rhétorique : c'est là tout ce que l'on a à offrir à la conviction d'un assemblée pourvue de la connaissance *du droit* et de celle des faits, c'est tout ce que l'on a à présenter à la France, pour la disposer aux sacrifices que bientôt on va lui demander. Et si une voix avait répondu : Il est vrai, tous les esprits justes, généreux, sont d'accord, mais c'est dans un sens directement contraire au vôtre ; comment aurait-on prouvé le contraire, et comment présenter comme décisif un argument qui prête à une réponse si facile et si décisive ?

L'exposé poursuit et dit :

« Vous le savez, Messieurs, à cette époque de doulou-
» reuse mémoire qui sépara la famille de nos rois et la
» terre de la France, le cœur des hommes de bien fut in-

» certain et partagé; les uns jugèrent que la prudence,
» les intérêts du trône et du pays, les attachaient au sol
» brûlant, mais toujours cher de la patrie; les autres vi-
» rent l'honneur sur la terre étrangère où une royale in-
» fortune avait cherché un asile, et où la fidélité leur sem-
» blait devoir suivre le malheur. Un grand nombre de
» Français quittèrent alors leur pays, déjà menacé de tous
» les maux qu'entraîne avec soi l'anarchie. A Dieu ne
» plaise que nous retracions ici ces sinistres évènemens!
» Des actes sévères et menaçans rappelaient en France
» ceux qui s'en étaient éloignés. Un refus que tout le
» monde comprend aujourd'hui attira sur eux des lois
» de vengeance et de fureur. Lorsque les évènemens eu-
» rent changé la position des émigrés, et leur eut permis
» de revoir la France, un nombre assez considérable
» d'entre eux y rentrèrent. »

Qui, dans ce tableau, reconnaîtrait l'émigration qui a occupé un espace de douze années,
de 1790 à 1802 ? Sous ces couleurs vagues et
ternes, où trouver la distinction si essentielle des
cinq émigrations, la durée et les formes si variées
des guerres faites ou produites par elle, sa disso-
lution par une rentrée successive de dix années,
sa soumission au régime républicain par l'acceptation de l'amnistie, par les services pris auprès de
tous les gouvernemens qui se sont succédé depuis
1793 jusqu'en 1814, époque à laquelle il ne res-
tait pas hors de France *deux cents* émigrés qui ne

fussent pas retenus dans l'étranger par des éta-
blissemens formés? Toutes ces phases si diverses
seront effacées par l'effet d'une formule, telle
qu'à *Dieu ne plaise, je ne rappellerai pas ici....*
tant d'intérêts seront résolus par quelques mots,
par une préparation oratoire bien succincte ! J'entends dire que c'est de l'habileté, qu'il ne faut
point parler aux passions : pensées vulgaires que
tout cela ! l'habileté, c'est la vérité, c'est ce
qui persuade; l'habileté c'est la proportion d'un
acte avec son sujet. Or, dans ce cas, à quoi
s'applique cette prétendue habileté? qui a-t-elle
convaincu? qu'a-t-elle fait oublier ? L'habileté
qui ne sert pas, est-elle une habileté réelle ?
est-il au pouvoir de l'orateur d'éteindre par des
artifices oratoires les passions qui reposent au
fond de certaines questions ? a-t-on pu se flatter d'échapper au rappel des principes et des
faits en les reléguant derrière un rideau de dis-
crétion politique? Si l'on ne pouvait se soustraire
à cette nécessité, pourquoi engager la question?
ceux qui ont intérêt à cette prétermission, iront-
ils, dans une cause pareille, à la face de la
France, interdire de remonter au principe de
la question, de rétablir les faits et d'en tirer
les conséquences légitimes? Il y a donc dans
cette question un défaut radical, et que tout

l'art de la tribune est impuissant à voiler et à
corriger. Celui de l'exposé a dû échouer contre
cet écueil, et tous ceux qui suivront la même
route s'y briseront à sa suite. En lisant cet exposé si sec, si dépourvu de spécialités, on se
sent disposé à demander à quel fait et à quelle
époque de notre histoire il se rapporte.

Voyons si l'exposé a été plus heureux dans
ce qu'il dit de la confiscation. Il établit une
théorie, et en fait l'application. Quant à sa théorie, la voici :

« Ces lois violentes, ces lois de colère, qui portent at-
» teinte soit à l'existence, soit à la propriété d'une masse
» entière de citoyens, sont de grandes calamités par les-
» quelles tous les fondemens de la société sont ébranlés.
» Dès l'instant où la fortune du plus faible peut passer
» par un acte d'autorité au pouvoir du plus fort, il n'y a
» plus ni garantie, ni sécurité, et le lien social est rompu.
» De tels actes sont un abus de la force, qu'aucun exemple
» ne peut justifier, et contre lesquels les écrivains coura-
» geux ont toujours élevé la voix. »

Excellens principes! mais à quoi se rapportent-
ils? n'y a-t-il pas des distinctions à faire? toutes
les confiscations sont-elles de la même nature?
La confiscation judiciaire cumulant la peine
pécuniaire avec la peine afflictive, la confisca-

tion politique telle que celle des protestans,
motivée sur des proscriptions évidemment in-
justes, ont-elles quelque analogie avec la confiscation réparatrice d'un dommage. Entre particuliers la loi civile l'admet : entre un État et
des particuliers, pourquoi la justice la rejetterait-
elle ? Un État est-il de condition inférieure à
un individu ? Est-il passible de tous les dommages qu'il plaira à chacun de lui faire subir ?
Quand la fuite soustrait un condamné, la loi
séquestre sa fortune pour l'amener à lui rendre
hommage; quand la fuite ou la force mettent
l'assaillant contre la société à l'abri des peines
corporelles, la société n'aurait pas le droit de
s'indemniser des frais qu'il lui a occasionnés ?
et qui paie ces frais ? on s'est accoutumé à
les attribuer à un être collectif que l'on ap-
pelle l'État. Mais celui-ci n'est-il pas formé par
la collection des membres de l'association ? mais
a-t-il des trésors à part de ceux de l'association !
ce sont donc les contribuables qui sont atteints
par ces dommages ? Le devoir de l'État envers
eux n'est-il pas de diminuer ce fardeau, en
eur procurant des indemnités soti préventives,
soit réparatrices: l'État ne fait alors pour ses
membres, que ce que la loi civile a statué relativement aux particuliers, que ce que l'ordre

politique a aussi statué pour le soulagement de l'état : le vaincu indemnise le vainqueur en argent, ou en territoire, et dans ce cas les champs de bataille sont la représentation exacte des palais de justice. La théorie de l'exposé est donc incomplète ; voyons si elle est juste dans son application ; il dit :

« La confiscation lancée contre les émigrés, ne fut pas une peine établie, mais une vengeance exercée. Ce fut la confiscation en masse, celle qui marche à la suite des proscriptions ; ce fut celle exercée à Rome par Sylla. »

Admirons ici jusqu'à quel point, soit une indignation honorable, soit le désir de faire prévaloir une opinion, peut entraîner un orateur. Qu'a de commun ce tableau avec la réalité de ce qui s'est passé en France, avec les motifs et le procédé qui ont amené et accompagné la confiscation indemnisatrice ? Celle-ci date du 27 juillet 1792, à la suite d'une année de menaces, d'invitations, de délais assignés, de séquestre provisoire, avec intimation de le voir changer en confiscation définitive dans un cas donné ? Est-ce bien là ce qui s'est passé ? S'il en est ainsi, pourquoi substituer un ordre de choses imaginaire à celui qui a existé ? comment se flatter de parvenir à substituer l'un à l'autre dans

2

la pensée publique ? Pourquoi perdre gratuitement les avantages de la vérité ?

La confiscation de 1792 ne fut pas une peine établie *ad hoc*. La confiscation est aussi vieille que le monde : cet arbre fatal tient encore parmi nous par une racine, l'amende cumulée avec la peine afflictive, et le paiement des frais judiciaires. *Elle fut une vengeance ; et de quoi ?* que faisait-on de l'autre côté du Rhin ? (1) était-ce la paix ou la guerre ? conjurait-on l'orage amassé dans le nord ? défendait-on le territoire contre la Sardaigne et l'Espagne ? la France était-elle forcée à des préparatifs de guerre fort dispendieux ? Quelles suites terribles et ruineuses n'ont pas eues ces attaques ? Un État est-il tenu de se laisser envahir, et quand il a beaucoup dépensé contre l'invasion, est-il tenu de garder ses frais et ses coups ? Quel a été dans tous les temps l'usage de tous les États ? Ont-ils le droit de désarmer qui les menace et de lui ôter les moyens de leur nuire ? Le défaut du raisonnement de l'exposé naît de la confusion entre les diverses classes d'émigration : il dit la même chose de situations très diverses.

---

(1) L'assemblée constituante repoussa la proposition de priver les émigrés de leurs pensions.

Quant à la comparaison avec Sylla, il est difficile d'en trouver de moins bien fondée. Il y à aussi loin de ses confiscations aux nôtres, que de sa querelle avec Marius à la révolution française. Sylla faisait-il délibérer pendant une année le sénat romain, donnait-il des délais, proclamait-il des amnisties, cet homme au cœur de fer, qui disait froidement, au bruit des gémissemens des victimes égorgées à deux pas de lui, sans interrompre son entretien, *ce sont quelques factieux que je fais châtier?* La France a aussi entendu des mots bien cruels, mais aucun n'a surpassé celui-là ; et qu'étaient leurs auteurs auprès du vainqueur de Mithridate et de Marius?

Les mots *dépouillé, spoliation* se représentent fréquemment dans l'exposé; ils n'y sont point placés avec plus de justesse, parce qu'ils sont destinés à signaler et à confondre ensemble des choses qui n'ont pas de rapport entre elles. Tel est le malheur de la plupart de ces similitudes que l'on recherche avec soin et effort, et qui n'aboutissent qu'à faire ressortir des dissemblances.

L'exposé se termine, quant à sa partie politique, par ces paroles: « Dautres terres sont encore, après des siècles, sillonnées par un volcan. » Ceci est relatif à l'Irlande : on l'aperçoit sous le voile de ces paroles énigmatiques :

mais dans ce cas même, tout est encore dissemblance, car l'Irlande n'a pas émigré en masse, elle a été confisquée en masse, au lieu qu'en France, c'est une très petite portion des habitans; en même temps, l'Irlande a été privée de l'exercice de son culte et des droits politiques : ce sont ces trois causes agissant simultanément qui alimentent le volcan qui sillonne encore la terre d'Irlande; et grâces au ciel, celle de la France est exempte, des mêmes principes d'embrasement (1).

C'est la seule phrase ambitieuse de ce rapport, qui, simple et clair, n'est point infecté de cette tendance vers l'effet, qui est le vice dominant des compositions de ce genre.

---

(1) Je ne puis rendre tout ce qu'il en coûte pour s'occuper de ces malheureuses questions de confiscation; on détourne la tête, comme les juges en prononçant des arrêts d'une grande sévérité. On se présente toujours avec défaveur dans leur discussion; la malveillance se complaît à en tirer des reproches vulgaires, que la justice désavoue, mais dont la légèreté s'empare, et fait une application irréfléchie. Il faut s'en prendre de tous ces maux à la nature même de questions qui traînent à leur suite ce triste cortége, et qui, par là même, ne devraient jamais être présentées.

- La lecture de cet exposé fait ressortir la pesanteur du fardeau imposé à son auteur : il a rendu sa marche incertaine et comme vacillante, il lui a interdit le terrain solide des principes fixes ; ainsi, il va alternativement du droit à la générosité, et de la générosité au droit. En débutant, il qualifie l'indemnité *de grand acte de justice* : plus loin ce sont des droits *à la bienveillance du Roi, et à la justice du pays*. Deux lignes plus bas, il articule ces paroles : « *Auprès d'une nation généreuse et loyale, il y avait là comme une sorte de créance, qui ne pouvait pas être contestée*. » Peut-être demandera-t-on comment *une sorte de créance* ne peut être contestée. Plus loin, l'exposé dit : *Le principe sur lequel repose ce projet a quelque chose de noble, de vrai, de satisfaisant, qui semble de nature à concilier tous les esprits, et qui n'a besoin que d'être énoncé.* Que de choses vagues pour servir de fondement à la demande d'une chose aussi solide, aussi positive, aussi palpable, qu'*un milliard* ! ... Du reste, le bon esprit *de l'exposé* l'a prémuni contre ces rappels fastidieux et voisins du ridicule, de prétendue translation de la France hors de la France, de dévouement, de fidélité malheureuse, et des caractères auxquels on reconnaît la patrie. Il a

trouvé ce terrain trop mauvais pour s'y engager, et les exceptions en grand nombre qu'il
aurait fallu présenter, ou qui auraient été assignées, ne pouvaient cadrer avec une demande
générale.

Voilà ce que présente la première partie de
cet exposé; c'est celle qui, dans son intention,
a rapport *au droit* de l'indemnité : après avoir
établi ce droit, autant que la chose peut le
comporter, l'exposé passe à deux questions qui
sont les conséquences naturelles de la première.

Au mot d'*indemnité*, je crois rendre fidèle-
ment ce qui s'est passé en France. Un cri una-
nime s'est élevé, et on a entendu dire : *indemnité pour tous, ou pour aucun* : il semble que
cette explosion partait du fond de justice et de
droiture qui est dans le cœur humain. L'exposé a donc eu à rendre compte de la préférence
accordée à l'émigration.

D'un autre côté, la création d'une dette d'*un
milliard*, en faveur des uns aux dépens des
autres, étant une chose fort neuve en elle-même,
et d'une grande importance pour l'État, à côté
du sacrifice il a fallu montrer les compensa-
tions, et pour ainsi dire l'intérêt de l'argent
demandé : cet intérêt est puisé à deux sources,
la réhabilitation du sol, et la paix publique.

Pour remplir le premier objet, l'exposé dit :

« Mais si parmi les maux, il en est que la justice signale
» comme les plus graves et les plus odieux, et la raison
» comme les plus funestes, s'il en est dont l'origine soit
» un attentat aux droits les plus sacrés, l'impuissance de
» guérir tous les maux doit-elle nous empêcher de por-
» ter à ceux-là un remède qui serait en notre puissance?
» Les émigrés ont tout perdu à la fois; tous les maux
» qui ont pesé sur la France les ont frappés; et ils ont
» souffert des malheurs plus graves encore, et qui n'ont
» été réservés que pour eux. »

Ici se trouvent à la fois des principes et des
faits : les premiers sont évidens, les seconds sont-
ils dans la vérité historique, et le défaut de
cette vérité ne les prive-t-il pas du bénéfice de
l'application de ces principes? Ici revient donc
nécessairement l'historique de l'émigration ; et
s'il arrivait que tous ces maux fussent la suite
d'une action libre, délibérée, systématique,
dont les suites ont été annoncées, s'ils étaient
le résultat d'une lutte infortunée; donneraient-
ils des droits supérieurs à ceux qui peuvent ré-
sulter de malheurs que l'on n'a pas provoqués?
En pareil cas que requiert la justice, que sta-
tuent les lois, que décernent les tribunaux? Le
prêtre déporté, le rentier ruiné, le négociant

spolié par le maximum, sont-ils moins intéressans que l'homme qui s'est armé systématiquement, qui a occasionné les frais auxquels on a paré par ces mesures tortionnaires ? Et si tous ces maux avaient été causés par l'émigration ? Pour argumenter dans le sens de l'exposé, il faudrait commencer par établir des catégories entre les cinq espèces d'émigration. Parmi elles, il s'en trouve auxquelles les principes de l'exposé s'appliquent fort bien ; mais il répugne à la raison de les étendre à une classe qui n'a rien de commun avec elles, telle qu'est l'émigration armée. Cette distinction est de nature à frapper tous les esprits ; elle est si visible, qu'elle n'échappera pas plus aux ignorans qu'aux savans, au simple bon sens du peuple, qu'aux hommes exercés à la discussion des affaires, et à tirer parti des diverses faces qu'elles présentent. Après avoir privilégié les êtres animés, l'exposé privilégie les êtres inanimés

« Les lois ont ravi aux émigrés leurs champs, leurs » maisons, leur patrie, le sol natal pour lequel le proprié-» taire a le droit de demander à la société *protection et* » *garantie*.

Là reviennent encore les causes et les divers

élémens de l'émigration. Derrière cé mot odieux, *ravir*, on peut établir tout ce que l'on veut. L'esprit est naturellement disposé à se déclarer contre ses effets ; mais la justice n'exige-t-elle pas de définir ce mot, de distinguer ce qui est *ravi*, d'avec ce qui est retenu comme indemnité, de classer diversement ce qui est la suite d'une provocation et d'un combat, ou bien ce qui provient du soin de la sûreté, ou de la convenance de celui qui s'est approprié un objet ? Je sens bien *la position de l'exposé*. Une mauvaise question est engagée : elle remet en cause toute la révolution, chose dangereuse ; elle fait remonter à des faits d'une discussion embarrassante. Il n'est qu'un moyen d'échapper à cet inconvénient : c'est de réunir et de confondre ensemble les diverses parties d'une action entre lesquelles il n'y a pas d'analogie. L'exposé a beau ajouter :

« Le dédommagement qui ne peut être accordé pour
» toutes les pertes, doit l'être pour les confiscations
» contre les émigrés : 1°. parce quelles ont été entières et
» les autres partielles ; 2°. à cause de la violence de leur
» spoliation. »

C'est toujours le même ordre de raisonnement et de suppositions. La quotité d'une perte ne constitue pas le droit au dédommagement, le principe de la perte a seul cette vertu ; si elle provient du fait du perdant, sera-t-il reçu à dire : *indemnisez-moi parce que j'ai tout perdu?* D'après ce principe l'indemnité devrait être réglée sur la quotité de la perte, et tous les *perdans*, l'exposé à la main, seraient fondés à demander un règlement pour leurs pertes respectives. Cet argument est dont caduc, et ne peut être admis dans la cause. L'exposé dit généralement que les spoliations des émigrés ont été violentes : douceur et spoliation ne vont guère ensemble ; celui qui, d'un trait de plume, a perdu tous ses droits utiles ; le prêtre jeté sur une terre étrangère, spolié en 1790 de toute sa fortune ecclésiastique, après avoir consacré sa carrière à une profession qui lui en interdisait toute autre ; les hommes soumis, sous peine de la vie, aux lois du maximum et des réductions de rentes, ont-ils trouvé ces procédés bien doux, et y avait-il moins de violence dans les traitemens qu'on leur infligeait sans provocation de leur part, que dans ceux éprouvés par suite d'une prise d'armes, et du projet hautement proclamé de renverser l'autorité à laquelle on reproche la violence de son action ? Laissons là, pour un moment, les spécialités, ne voyons que les choses générales et les conséquences qui découlent de

leur principe, et disons si le motif de la préférence allégué par l'exposé, a été heureusement
choisi dans une cause d'indemnités. La nature de
la propriété n'est d'aucune importance, pas plus
que son volume : le droit seul doit être consulté;
la vigne de Naboth est aussi sacrée que le palais
de Salomon ; la société qui peut s'oublier au point
de se livrer à des spoliations, va contre elle-même,
autant par l'iniquité qui frappe le plus petit objet,
que par celle qui attente au plus grand. La barrière
doit être maintenue dans un cas comme dans l'autre, et le principe doit avoir une application égale
pour tous les intérêts, ou la perdre également
pour tous... Il faut insister sur ces principes, afin
de redresser les fausses consciences, et pour aller
au-devant des capitulations sophistiques qui, une
fois introduites dans la morale, en deviennent
les dissolvans les plus actifs.

Passant à l'article des avantages de l'indemnité, l'exposé dit :

« Les biens confisqués sur les émigrés trouvent difficile-
» ment des acquéreurs; l'indemnité rendra commun pour
» eux le langage de la Charte; les biens devenus stériles
» pour l'État passeront à une circulation productive pour
» lui. »

Sûrement il serait fort heureux que tout le

monde parlât et agît *suivant la Charte*; mais il n'est pas exact de dire que les biens des émigrés soient rejetés de la circulation, de manière à rester stériles pour l'État : cette stérilité n'est que relative, elle n'est pas absolue. La raison exige donc de s'informer seulement si l'accroissement attendu sera en proportion avec le prix qui est demandé pour l'obtenir. Celui-ci est de *un milliard*, ou trente millions de rentes ; si l'accroissement reste entre deux ou trois millions, le marché est mauvais, il est ruineux ; or, comment présumer que ce produit sera dépassé ? deux millions d'accroissement annuel de revenu exigent un accroissement de ventes de 34,000,000 fr., somme énorme relativement au mouvement de cette nature de propriétés. A l'exception de Paris et d'un rayon autour des grandes villes, ces biens sont possédés par le peuple : celui-ci ne vend qu'à la dernière extrémité ; ces biens ont été fort morcelés ; il faut un bien grand nombre de ces parcelles mises en vente pour produire une somme un peu notable. A cet égard, l'espoir de l'exposé sera complètement déçu : le nombre et le prix des ventes s'en ressentiront très médiocrement : *un milliard* aura été dépensé presqu'en pure perte, sous ce rapport. En revenant sur cet article, ne peut-on pas dire : la valeur ou la circulation des domaines nationaux tiennent-elles à *l'argent seul*, ou bien plutôt à la direction politique de l'État ? Pour décider cette question, il faut remonter aux temps antérieurs, et rechercher si dans le silence général observé sur ces questions, les ventes n'étaient pas plus fructueuses qu'elles le sont aujourd'hui ; il faudra de plus observer si l'accroissement de la circulation ne dépendra pas de l'opinion qui survivra à cette grande distribution d'argent. Si elle est acceptée comme indemnité *du droit*, et comme accomplissant toutes les conditions de ce *droit*, il y aura multiplication des ventes ; mais si le caractère d'une transaction forcée, hors du *droit*, quand au principe et à la quotité, reste imprimé à l'indemnité, et gardé comme tel dans l'esprit des anciens propriétaires, alors qu'aura-t-on gagné ? Le passé était la leçon du présent et de l'avenir ; il fallait appliquer à cette question l'inflexibilité silencieuse qui, jusqu'à ces derniers temps, avait régné sur elle. Tant qu'il n'y a pas eu d'esprit de retour, les prix de ces biens se sont rapprochés de ceux des biens patrimoniaux ; le temps les y amenait, et ils y fussent arrivés, sans tout ce qui s'est passé depuis quelques années. Dans cette occasion, les conditions sont-elles égales ? L'État commence par le *certain*, qui est l'acceptation d'une charge d'*un milliard*, pour un

accroissement *incertain*, accroissement incapable
d'ailleurs d'atteindre au prix de son acquisition,
combattu par beaucoup de causes, et que d'autres
causes pourraient également procurer... Pour que
l'État touchât chaque année une somme égale à
celle dont il va se dessaisir, 3o,ooo,ooo de rentes,
il faudrait que la totalité de ces biens fussent mis
en vente chaque année. Pour se guider sûrement
dans une opération de cette nature, avant tout
il aurait fallu rechercher la somme totale du produit des mutations, et en extraire celle qui provient de la vente de ces biens : on trouverait
qu'ils sont peu mis en vente, par la manière dont
ils sont distribués dans la population de la France,
et que, par cette cause, l'action de l'indemnité
sera à peu près insensible sur eux.

L'exposé continue et dit :

« Le temps est venu dans lequel l'État, qui a privé les
» émigrés de leurs biens, peut leur adresser ces paroles :
» Sous les auspices de la paix et de la légitimité, je puis
» vous offrir un dédommagement; recevez celui que je
» puis vous donner, et que la funeste trace des confisca-
» tions et des haines disparaisse pour jamais. »

Plus loin, il continue et ajoute :

« Sans doute ceux qui ont souffert des pertes de
» toute autre espèce, en conservent un souvenir pé-
» nible et douloureux; c'est la loi, c'est l'État, c'est la

» guerre qu'ils accusent; mais il existe un frottement con-
» tinuel entre l'ancien possesseur et le nouveau; mais
» la vue des monumens toujours subsistans des spoliations,
» est le sujet de plaintes et de reproches continuels. De
» pareils souvenirs ne s'effacent jamais. »

Tout ceci est purement fantastique. Qu'importe à l'Etat qu'un homme voie avec plaisir ou
peine la propriété qui lui a appartenu? Faut-il
qu'il paie au prix *d'un milliard* la fin de ce désagrément? Une allocation quelconque, *reçue à défaut de mieux*, sera-t-elle le correctif complet
de cette disposition chagrine? Si elle n'éclate pas
au dehors par aucun signe sensible, si de longues
années ont amené un ordre social qui a confondu
les *acheteurs et les vendeurs*, de quelle valeur
pour l'Etat est la fin de ces déplaisirs, car ils ne
méritent pas un autre nom? depuis vingt-trois
ans que date l'amnistie, a-t-on compté un seul
fait de dissidence violente entre les anciens et les
nouveaux possesseurs? A quoi donc revient cette
allégation? Mais de plus elle est démentie par le
statu quo positif de la population émigrée. Trente-
trois ans se sont écoulés depuis la confiscation;
une génération entière a dû disparaître dans cet
espace de temps; la très grande majorité des émigrés a donc péri, un nombre fort considérable de
familles sont éteintes, la plus grande partie a

changé de séjour... Il est tel lieu dans lequel les familles nobles, anciennement très nombreuses, ne comptent plus un seul de leurs membres (1); la face des provinces est changée; elles sont habitées par un autre peuple; il reste çà et là quelques hommes qui ont eu l'usage et l'habitude de leurs propriétés, et puis c'est tout; quelle nécessité de grever la France d'une charge fort lourde pour un effet aussi peu sensible? Que l'on songe donc qu'il s'agit d'un milliard, que celui-ci doit être demandé à des contribuables déjà fort chargés, et que si les uns regrettent leurs biens vendus, les autres regretteront leur argent écoulé vers une indemnité dont ils n'aperçoivent pas distinctement l'utilité soit en elle-même, soit pour eux. Si les dépossédés contemplent leurs biens perdus avec chagrin, ceux qui contempleront les châteaux et les richesses recréées à leurs dépens par l'indemnité, seront-ils plus satisfaits? Et combien y aura-t-il de ces nouvelles réjouissances? quelques milliers épars sur la vaste surface de la France. Et combien de ces nouveaux chagrins? on les comptera depuis Dunkerque jusqu'à Bayonne.

---

(1) Je suis prêt à les citer.

Un argument qui s'applique à tous les objets étrangers à ce que l'on a en vue de prouver, pèche par son principe : c'est ce qui arrive ici. Le propriétaire des droits féodaux voit aussi journellement les lieux sur lesquels il les percevait, les hommes qui les payaient, le péage qu'il avait élevé, les localités bannales qu'il avait fournies ; le décimateur voit à chaque instant le champ qui lui cédait une partie de ses fruits ; le protestant retrouve très facilement le berceau de sa famille, et les lieux dont des ordres cruels l'ont banni pour y installer un nouveau maître. Tous les confisqués depuis deux cents ans ne seraient pas plus embarrassés de reconnaître l'emplacement de leurs fortunes perdues. L'argument tiré de la considération alléguée par l'exposé, en prouvant trop, ne prouve donc rien, et s'énerve par sa généralité. Peut-on adopter les paroles de l'exposé, qui portent : *L'État s'est enrichi par les confiscations ?* Loin de là : il est vrai qu'il a appliqué le prix des biens vendus à l'acquittement des frais de la guerre ; sans doute il aurait payé plus, mais il ne s'est pas *enrichi* : diminution de ruine n'est pas richesse ; là, revient la question *du droit,* cette question inévitable, quelque soin qu'on prenne pour l'éviter : avant d'exciper de la richesse de

3

l'État, il faut commencer par prouver qu'il n'a pas eu le droit de faire payer les frais de la guerre à ceux qui l'ont suscitée, qui, par l'acceptation d'une amnistie, ont reconnu *un tort*, et qui, par l'adoption, sous toutes les formes, de services auprès du pouvoir dit *spoliateur*, ont reconnu sa juridiction, et ont coopéré à son affermissement : cette question est comme ces bas-fonds dans lesquels le navigateur s'avance la sonde à la main; mille distinctions s'y présentent; quand pour se débarrasser de la difficulté de mettre de l'accord entre des choses plus que différentes, ou plutôt contraires, on prend le parti de les assimiler et de les traiter *in globo*, le calcul échappe, et la raison ne sait plus où se prendre. Telle est la suite du mode d'argumenter que je discute. Est-ce avec raison que l'exposé dit :

« Et comment la confiscation fut-elle prononcée? par
» une mesure générale, prononcée et exécutée par la loi
» elle-même. »

Mais la loi de la confiscation n'était-elle pas en pareil cas celle de toute l'Europe? n'avait-elle pas été appliquée dans différentes occasions aux personnages les plus élevés de l'État?

mais le caractère de la généralité n'est-il pas l'attribut distinctif de la loi? Quel est le style de
toutes les lois qui disposent généralement? n'est-
ce pas : *Tous ceux qui...*? Ne dirait-on pas, d'a-
près l'exposé, que l'Assemblée législative qui a
fulminé la confiscation, a fait une loi pour chaque confisqué, qu'elle l'a appliquée elle-même,
et qu'elle a retenu les fruits pour elle? Tout ceci
paraît bien éloigné de la vérité historique ; elle
est fâcheuse, cette vérité, elle est bien pénible
à rappeller, mais enfin *elle est :* elle sert de
défense contre la demande d'une charge énorme
dont la France est menacée de nouveau : peut-on
s'abstenir de la retracer ? Que ne s'agit-il d'un
trésor trouvé, d'un moyen de réparation qui
ne coutât rien à personne ! On applaudirait à
son emploi; mais ici il s'agit de prendre à l'un
pour donner à l'autre : alors il n'y a plus à
consulter que *le droit*, à rechercher que ce qui
l'établit. Toute autre considération cède à cette
vue. L'intérêt qu'une partie peut inspirer, ne
doit point affaiblir l'intérêt que, de son côté,
l'autre inspire aussi, ni atténuer la force de son
droit.

Celui-ci est tellement éloigné dans presque
tout ce qu'on lit sur cette question qu'il semble
toujours entendre le Romain voué au glaive de

la cupidité, et disant douloureusement : *C'est ma maison d'Albe qui me perd.* Mais ici il n'y a pas de maison d'Albe, mais une grande commotion sociale qui a armé une partie de la famille contre l'autre, et qui s'est résolue comme tous les combats, en vainqueurs et en vaincus, soumis également aux chances terribles de ces luttes cruelles, et les subissant dans la mesure assignée par la victoire. Si cette commotion, si cette lutte, si ces résultats n'ont pas existé, j'ai tort; s'ils ont eu la réalité, l'étendue et le résultat que j'assigne, pourquoi les regarder comme non avenus, et procéder comme s'ils n'avaient pas eu lieu?

Raisonner ainsi en dehors des faits ne peut appartenir à personne ; par-là on crée une cause, et la justice exige de ne s'attacher qu'à celle qui existe en réalité. Il est à remarquer que cette méthode ait pu être adoptée en présence d'assemblées dont un grand nombre de membres ont vu et connu les mêmes faits, et qui même peuvent dire : *quorum pars magna fui.* Les monumens historiques qui attestent les mêmes faits sont si connus, si répandus dans la nation, qu'aucun effort ne sera capable de les infirmer ou de les effacer de la mémoire. Les motifs du choix pour préférer une nature de malheurs, ainsi que pour lui assigner un dédommagement exclusif, n'ont donc pas de fondement solide; ces avantages sout mis à un trop haut prix, et il semble qu'une demande de charges fort graves ne peut être adressée convenablement à une nation que d'après une grande nécessité et une grande évidence, et dans le cas actuel, on recherche l'une et l'autre.

L'exposé, s'élevant à de hautes considérations politiques, proclame ces paroles sententieuses, et qui ont une longue portée :

« Il importe qu'un exemple mémorable et utile pour » tous exprime que les grandes injustices exigent de gran- » des réparations. Cet exemple, c'est à la France à le » donner. »

Voilà bien des choses en peu de mots : 1° que la confiscation, sans aucune distinction, fut une grande injustice, *quod erat demonstrandum*, 2° qu'un exemple mémorable est nécessaire : nous voici revenus à la doctrine de MM. Frénilly et de Berthier, sur la banqueroute de l'Espagne : dans les deux cas, il s'agit également de donner une leçon aux *révolutions* : la franchise un peu rude des premiers, les paroles ambiguës du second coïncident au même point, la révolution ; c'est à elle que l'on en veut, et l'utilité comme l'éclat de l'exemple demandé ont un but que tout le monde aperçoit.

Mais ici comme dans tout le cours de cette discussion, l'inévitable question du *droit* ne revit-elle
pas ? S'il y a eu *droit* à confisquer, la réparation
est donc inutile ; bien plus, elle serait dangereuse,
car elle donnerait l'exemple de la réparation d'une
peine justement infligée ; il faut donc revenir à
l'historique de l'émigration, à l'historique de la confiscation, à la distinction entre les diverses émigrations ; sans ce préalable, toute discussion sur
l'indemnité, n'offre qu'une série d'allégations dont
il est loisible à chacun de contester chaque syllabe ;
commençons donc par établir ou par écarter ces
principes ? Est-il permis ou défendu aux citoyens
de sortir de la patrie pour y rentrer en armes et
lui imposer la loi ? La guerre en compagnie de
l'étranger avec des cessions de territoire, des
trames sans nombre en vue de faire prévaloir
un système politique personnel, donnent-elles
ou interdisent – elles ouverture à des peines ?
Résolvez ce problème social, et dirigez – vous
d'après la décision ; mais que vous dire, quand
vous ne fondez aucune base, que vous ne conve-
nez d'aucun principe et quand vous ne classez aucun fait ? par là, la discussion se trouve réduite à
l'amalgame sans signification précise d'une foule
d'allégations qui ne présentent qu'une cohue de
mots dont la réunion n'offre aucun sens positif.

Mais ce n'est pas tout ; quelle doctrine politique suit-il de cet exemple, dont la signification reste indéfinie ? D'après lui, quel moyen reste-t-il dorénavant aux États contre les sujets qui embrasseraient la carrière d'une émigration, telle que celle qui donne lieu à toutes ces discussions ; resteront-ils assujettis aux dommages qu'on leur aura causés sans espoir de réparation, et après les avoir forcés à des mesures défensives fort dispendieuses, tout sera-t-il fini par une amnistie ! D'un autre côté, la France n'a pas été la seule contrée de l'Europe qui ait eu des troubles civils et des confiscations ; l'exemple français n'aura-t-il d'action que sur les yeux des Français seuls ? Ne les fera-t-il pas ouvrir à d'autres peuples sur lesquels le fléau des confiscations s'est plus ou moins appesanti ? Voilà ce qui résulte de ces allégations générales qui réunissent, sous une dénomination commune, des positions essentiellement différentes.... Cette question, tranchée avec tant de facilité, demande la révision du droit public existant, et la formation d'un droit nouveau.... Que ferait la France même, si une partie de ses citoyens renouvelait les faits de l'émigration ? et il serait bien superflu de recourir à *la légitimité*, car elle doit s'interdire plus soigneusement que l'illégitimité, les actes qui n'ont pas un rapport parfait avec les règles du droit et de la justice. Plus elle est l'image du *droit,* plus elle a le devoir de le suivre et de le défendre dans son application.

L'exposé termine par une promesse de réconciliation générale, comme résultat naturel et inévitable de l'indemnité ; mais où sont les garanties de l'accomplissement de cette promesse ? d'ailleurs qui l'a rendue nécessaire, et quel effet s'est-il déjà manifesté à la suite de cette annonce consolante ?

1°. Les réconciliations supposent des divisions et des animosités ; s'en montrait-il en France une seule trace ? la bonne foi, compagne inséparable de la vérité, n'oblige-t-elle pas de reconnaître que, même depuis 1814, aucun signe d'inimitié n'a éclaté entre les citoyens, d'après les effets de la confiscation : quelle différence pourrait-on remarquer à cet égard entre l'état de la France et celui des autres contrées de l'Europe ? La France ne ressemble pas à l'Irlande, dans laquelle les cinq-sixièmes de la population souffrent à la fois des suites de la confiscation et de la privation des droits politiques : aussi les troubles excités, ranimés sans cesse par ces fermens toujours subsistans, entretiennent-ils dans ce pays une division constante entre deux populations dont l'une est si inférieure à l'autre dans l'ordre politique, dans le temps où elle lui est si supérieure en forces, tandis que par

une position inverse, en France, ce sont les acquéreurs qui sont nombreux et forts, et les confisqués
qui sont en minorité de nombre et de force, et qui
d'ailleurs ne sont pas lésés dans aucun de·leurs
droits politiques. Quant à l'effet positif de la réconciliation, en attendant ce que produira pour
elle l'indemnité décrétée, on peut en juger à l'a-
vance par ce qu'a déjà produit l'indemnité an-
noncée. Si une conclusion peut être tirée légiti-
mement de ce que l'on a déjà vu, on ne peut pas
s'attendre à un résultat très brillant, car l'annonce
seule de l'indemnité a tiré du sommeil dans lequel on était plongé, les discussions, les contesta-
tions, les prétentions, les mécontentemens ; les
pétitions à la Chambre se sont multipliées (1);
l'apparition de cette question a remué la France,
plus qu'aucune ne l'avait fait encore. On peut dire,
sans exagérer, que depuis la cour plénière, c'est la
proposition qui a été accueillie avec le plus de défaveur, et qui restera le plus affectée de l'impro-
bation publique. Elle a tout contre elle, les souvenirs du passé, le privilége, et la charge pécuniaire.

Ici les faits, démentent hautement les théories,
et il serait bien superflu d'en appeler à un avenir

---

(1) Voyez celle de M. de Puységur, et le dire de
M. de Coupigny, séance du 4 février.

plus riant, en présence du témoignage de faits d'une signification aussi claire dans leur sévérité. En effet, chez qui l'annonce de l'indemnité a-t-elle produit quelque signe de satisfaction ? est-ce chez les rentiers, les contribuables, les indemnisés mêmes ? ils sont les plus difficiles à satisfaire. Les uns se plaignent du titre de l'indemnité, les autres de sa modicité, ceux-ci de sa forme, ceux-là de l'espace de temps dans lequel elle traînera (1).

---

(1)   *Aristarque.*

Une barrière insurmontable et éternelle séparera les indemnisés de ceux qui se croyaient aussi des droits à votre indemnité. Vous perpétuerez ainsi des semences de vengeance, de haine et de discorde. Les uns vous reprocheront l'insulte d'une grâce, les autres se plaindront de vos refus; vous aurez rendu plus profond l'abîme que vous vous vantiez de combler, vous aurez en même temps troublé le droit de propriété, bouleversé les principes de la législation, compromis le repos de l'état, votre loi, dont les bases auront été placées en dehors de la justice, sera féconde en injustices dans son exécution; et comme le mal, dans sa marche, s'accroît toujours dans une effrayante progression, en léguant à l'avenir une loi sans principes, vous lui aurez légué une source inépuisable de nouveaux malheurs.

Ainsi parle l'organe le plus accrédité des partisans les plus zélés de l'indemnité; qu'on juge par-là ce qu'en disent ceux qui ont un sentiment et des intérêts contraires.

Les imputations outrageantes, les principes allar-
mans ont été et seront encore proclamés ; la sécurité de l'avenir au lieu de croître, diminuera ;
voilà ce que la raison, d'accord avec l'expérience,
permettent d'espérer de cette mesure et de ces
promesses :

Cet oracle est plus sûr que celui de Calchas.

On trouve dans cet exposé des paroles qui ren-
ferment un sens couvert, et qui semblent jeter
des appels à des souvenirs ou à des sentimens
secrets. Il dit :

« Des actes menaçans et sévères rappelèrent les émigrés.—Un refus que tout le monde comprend aujourd'hui. »

Et plus loin :

« Ces familles dépossédées pendant une absence aujour-
» d'hui si hautement légitimée. »

Quel rapport ce qui se passa alors a-t-il avec ce
qui se passe aujourd'hui ? Quelle influence l'état
de la France de 1825 a-t-il sur la nature des actes
qui eurent lieu en 1792 ; sont-ce ceux-ci qui ont
amené ceux-là ? Ceux qui espèrent en profiter aujourd'hui, pendant long-temps n'avaient-ils pas
renoncé à ses bénifices, et ne s'étaient-ils pas at-
tachés à d'autres services ? Sûrement l'ordre actuel
de la France n'est pas celui que l'on recherchait

par l'armement de 1792. Le rapprochement entre les deux époques serait fâcheux, en recréant les souvenirs des causes qui ont amené le changement; aussi ce rappel paraît-il manquer de prudence; à son tour, celle-ci m'avertit de borner là cette observation, car il me serait trop facile d'y ajouter.

Voilà ce qu'a dit l'exposé.

Passons à ce qu'il n'a pas dit.

1° La totalité de l'historique de l'émigration et de la confiscation;

2° La distinction entre les diverses classes d'émigration;

3° Les intérêts permanens de l'émigration;

4° Les intérêts de la royauté;

5° Les intérêts de la fortune publique;

6° Le vote par les intéressés;

7° Les résultats qui, sous mille formes bizarres, sortent de cette indemnité; tout cela valait bien la peine d'être discuté, ou plutôt sans cet examen la cause n'est pas instruite. Aussi ne peut-on point la tenir pour telle, d'après cet exposé; il dit trop et pas assez; son indemnité est trop faible pour le droit, trop forte pour la simple générosité; ses motifs n'ont ni la solennité, ni le poids qui convient à un acte d'une si haute importance, et qui concerne un grand peuple.

Je n'ai pas à m'occuper de son travail pour arriver à fixer le montant de l'indemnité, c'est un autre ordre d'idées, et l'on ne peut soupçonner que là, il n'ait été procédé avec lumières et diligence.

Pour les dispositions financières, il reste à mettre d'accord l'article premier du projet de loi d'indemnité qui statue : *Il est alloué une indemnité aux français anciens propriétaires*, avec le projet de la loi financière qui *assigne trente millions de rentes* pour pourvoir à cette indemnité. Le premier article est général, et le second limité ; le premier est susceptible d'accroissement, le second a des bornes indiquées ; mais s'il arrive, comme on n'en peut pas douter, que l'évaluation ministérielle soit dépassée, et beaucoup de causes peuvent produire cet effet, il faudra ajouter au fardeau de la France : le ministre est louable d'avoir cherché une borne aux sacrifices, et d'avoir réglé le mode de ceux-ci ; il a dû travailler à ne pas immoler l'État à l'indemnité ; mais il s'en est enlevé à lui-même la possibilité par la *généralité* de l'article premier ; une fois admis, il doit en subir toutes les conséquences, et il peut voir ses prévisions frustrées de leur effet. On ne peut allouer au ministre la rectitude de l'assertion que l'indemnité deviendra un principe d'accroissement de consommations profitables au trésor pu-

blic; car il n'y aura que déplacement des moyens
de consommation ; les indemnisés auront plus,
mais les contribuables auront moins ; ils consom-
meront moins ; la consommation sera plus con-
centrée, et par conséquent plus visible, ce qui
favorise l'illusion ; mais ce qui se consommera à
la ville, l'aurait été par les campagnes, libres de
disposer de ce qu'elles porteront à l'indemnité,
et de l'appliquer à leur usage propre. On peut
même dire que de cette manière, l'accroissement
des consommations serait plus assuré ; car on doit
s'attendre qu'une grande partie de l'indemnité
passera à des objets de luxe improductifs par leur
nature, ou bien à des spéculations de lucre, et
à des placemens d'argent. Des hommes accoutu-
més à vivre de peu, avertis par le malheur des
inconstances de la fortune, prennent des précau-
tions, et se tiennent en garde contre le retour
de ses coups; ce n'est guères auprès d'eux que se
trouve le goût des jouissances et des consommations... De plus, c'est un grand problème mo-
ral et économique, que celui de l'accroissement
subit de la richesse et de la concentration des
consommations sur quelques points, au lieu de les
laisser se répandre par leur cours naturel sur la
masse entière. Le système de la concentration
aurait de funestes conséquences, et si la multipli-

cation du signe avait pour but d'accroître les consommations, comme moyens de richesses, où s'ar-
rêterait un pareil système, et pourquoi au lieu de
trente millions de rentes, n'en pas créer cinquante.

Les prévisions patriotiques se sont trop réali-
sées : on avait annoncé qu'il serait fait des *recours
fréquens au grand livre*, et qu'il était indispen-
sable de s'interdire d'y ajouter. Voici, d'un seul
coup, une addition de trente millions de rentes,
en attendant les suivans. La France s'impose qua-
rante millions annuellement pour alimenter son
fonds d'amortissement, elle s'interdit de toucher
aux *trente-six millions* déjà rachetés; elle y applique les produits de la caisse des consignations : la
durée et l'étendue de pareils sacrifices ont une
signification précise; elle ne peut être autre que
le désir de la libération de sa dette; mais quand
celle-ci s'opérera-t-elle? La guerre d'Espagne a
fait ajouter à la dette 7,000,000 : l'indemnité dé-
bute par un accroissement de 30,000,000. D'autres
liquidations y feront encore ajouter : quand donc
arrivera la libération; l'indemnité la recule de
quatorze années; pendant ce temps, les États-
Unis proclament que leur dette sera acquittée dans
dix ans : la libération de la France marche donc
en sens inverse de celle de l'Amérique; et pendant ces quatorze années, qu'arrivera-t-il? qui

peut promettre que les portes du temple de Janus resteront fermées ? Quel est l'exemple d'une paix continue de vingt-cinq ans en Europe, car elle dure depuis 1815 ; et, dans la nouvelle formation politique de cette contrée, le plus léger mouvement entre des masses aussi épaisses, n'exigerait-il pas des frais immenses ? Nous multiplions les papiers sur les places publiques ; mais avec eux ne multiplions-nous pas aussi les matériaux d'un grand incendie ! Qu'une *seule fusée à la Congrève* tombe sur l'édifice combustible des bourses de l'Europe, et celle-ci verra quelque chose de semblable à l'incendie de la bibliothèque d'Alexandrie. Accroître sa dette d'un milliard, du quart de ce qu'elle est déjà, est une résolution nouvelle dans l'histoire, et qui semble ne pouvoir être inspirée que par la vue d'une nécessité absolue, ou par celle d'un danger bien pressant à détourner ; mais la provoquer, l'aller chercher hors de cette évidence qui frappe tous les yeux, est chose toute nouvelle et bien digne de remarque. La singularité s'accroît encore par toutes les conditions de l'État de la France : ses flancs sont entr'ouverts sur la plus grande partie de l'est et du nord de sa frontière : le congrès de Vienne lui a imposé des voisinages menaçans, en place des pacifiques alentours qui lui servaient d'avant-murs. Une ba-

taille perdue peut ramener, sous les murs de la
capitale, de nouveaux Blücher, faire rattacher de
nouveaux pétards au pont d'Iéna, et tirer sur
notre trésor ces dures lettres de change qu'impose
la victoire illibérale, et que la réputation de richesse
engage à charger d'un grand nombre de millions. La
sollicitude patriotique serait bien aussi satisfaite
par l'interdiction de ces portes funestes, que par les
avantages que l'on cherche à montrer dans la tra-
dition de tant de richesses perdues pour l'utilité
publique. Comment cette riche attribution pourra-
t-elle se concilier avec ce qui la suivra immédiate-
ment? A peine le milliard aura-t-il été délivré,
que vingt voix plaintives s'élèveront dans les lieux
mêmes théâtres de cette grande concession, sur les
souffrances croissantes de l'agriculture. Pendant
que la bourse se grossit et s'enfle d'un embonpoint
factice, cette malheureuse culture languit et se
dessèche, elle peut à peine égaler les produits de
la consommation aux frais de la production; et,
dans un pays agricole tel que la France, elle laisse
les propriétaires des terres dans l'indigence, au
milieu d'une abondance stérile. La concurrence
avec les produits de l'étranger ne se soutient plus
qu'à l'aide de droits énormes, qui réagissent sur la
culture, en provoquant des représailles contre
elle et contre notre industrie; par là, champs et

ateliers sont également frappés, *et les uns par les autres.* Les choses sont venues au point de ne pouvoir être remédiées que par un ample dégrèvement, soit sur la propriété foncière, soit sur les impôts qui l'atteignent indirectement ; mais il faut que le dégrèvement soit large, car des dégrèvemens de quelques millions sont en pure perte pour le trésor, et ne font rien au bien-être des contribuables : en quoi leur état est-il affecté par la diminution de quelques *francs* de leurs impositions ? A cet égard, il est temps de rentrer dans la ligne des vrais principes : *large dégrèvement, ou point de dégrèvement ;* la somme perdue par le dégrèvement insensible, souvent suffirait à des améliorations fécondantes ; d'autres que moi s'occuperont des dispositions financières du projet et de leurs conséquences : malheureusement les esprits sont assez portés parmi nous à s'en occuper de préférence à tout autre objet ; ils exposeront les inconvéniens de la multiplication du signe, surtout lorsqu'il est fictif, par rapport aux propriétaires et aux consommateurs qui, avec une plus grande quantité de signes, obtiennent une plus petite quantité de valeurs réelles : d'autres soins m'appellent ; je continue donc de rapporter mon attention aux rapports de l'indemnité avec le bien-être général de l'État ; pour cela, je

dois analyser succinctement quelques réflexions
que même de bons esprits semblent accepter. Il
est généralement reconnu que la question de l'indemnité ne peut être soutenue ni défendue en
principe : l'exposé que j'ai discuté en est lui-
même la preuve; car son silence sur le *droit* est
un aveu de l'absence de celui-ci ; il y a plus , c'est
que s'il est allégué, il fera éprouver de grandes
gênes. Dans cet état, que dit-on donc ? on parle de
suites naturelles de la restauration, de déplacement
de forces , de sacrifices à faire aux circonstances ,
de considérations particulières. Je voudrais ne
rien omettre de ce que j'entends journellement.

Comment l'indemnité serait-elle une consé-
quence de la restauration, puisqu'elle eût été contraire, bien plus , fatale à son principe : quelle liai-
son y a-t-il entre ces deux faits ? la restauration
a-t-elle été faite, s'est-elle consolidée au moyen
de l'émigration et de l'indemnité ? quel appui,
quelle force lui apporte-t-elle ? n'est-il pas à
craindre au contraire qu'elle ne lui nuise, comme
fait toute chose qui n'est pas soutenue par l'opinion publique éclairée. Dans ceci, il n'y a rien du
fait propre de la restauration; et, au lieu de la
lier à l'indemnité, il faut, pour le service de la
première, l'en séparer soigneusement; car quelques allégations, qui peuvent soutenir plus ou

4.

moins l'examen, ne sont pas des contre-poids suf-
fisans contre les mobiles qui s'opposent à l'indemnité, et qui la font juger défavorablement.

Dans l'ordre social, il n'y a ni fort ni faible,
il n'y a que des hommes rangés sous les mêmes
lois pour leur commun bonheur ; l'idée contraire
ne fait plus de la société qu'une faction. Parmi
nous, il n'y a de fort que *la loi*, et le désir qu'elle
ait toujours pour principe le bien général. Si le pouvoir de la loi se trouve déplacé, transporté dans
d'autres mains, sa nature et sa destination n'ont
point changé dans ce passage ; l'abus qui aurait
pu en être fait, est un avertissement d'en user
avec plus de droiture. On ne peut user du pouvoir que dans le sens et de la manière que l'on
ne craindrait pas d'avouer, dont on se glori-
fierait même, et l'esprit de l'homme doit le
tenir averti de ses propres dangers, s'il faisait du
pouvoir un instrument à l'usage temporaire de
chacun : ce serait la subversion de la société.

Quand les circonstances exigent des sacrifices,
la justice les borne à ceux qui ne sont pas faits
aux dépens d'autrui, et à plus forte raison au
profit d'autrui. Qui peut se croire le droit de
dire : Je juge que les circonstances exigent que
je sacrifie ceux-ci à ceux-là. Le législateur est
comme le juge : celui-ci ne sacrifie point, il juge

entre *les droits*, et les classe d'après la règle commune, *la loi*.

Les considérations particulières tiennent à une
idée trop retrécie de la souveraineté; elles la bor-
nent *à l'homme*, et cette idée doit être étendue à
la *chose*. Du moment qu'un homme arrive à la
souveraineté, il ne conserve plus rien de son
ancienne existence, il revêt un être nouveau; il
était partie de la société, il en est chef; il
concentre en lui tout l'éclat de ses attributs.
Du trône au degré qui le suit le plus près, il y a
une distance immense, et que rien ne peut combler; c'est donc toujours à la royauté, à l'intérêt
du trône qu'il faut revenir, à ce qui peut le
servir ou le desservir. La volonté du prince ne peut
jamais se rapporter qu'au bien, il est en dehors
de toutes les passions, parce qu'il est au-dessus
d'elles : pour le bien servir, il ne faut pas cé-
der à ce qui peut être désiré aujourd'hui, mais
à ce qu'on ne regrettera pas dans six mois. Le
prince n'a jamais d'engagement qu'avec *le bien*,
car c'est là ce qu'il veut toujours; il reste le
maître d'en modifier la forme d'après les lumières de son esprit : ainsi a fait Louis XVIII.
Sûrement, ce n'était pas pour l'ordre établi par
la charte qu'il s'était éloigné de la France. Mais
quand l'observation lui eut montré l'impossibi-

lité de faire cadrer l'objet de ses anciens désirs, avec l'état du pays qui devait en être le siége, il eut le noble courage de s'en détacher, et de le remplacer par celui qui entrait d'avantage dans les besoins auxquels il avait à pourvoir. Dans l'intérêt général, en pareil cas, des engagemens sont un vœu pieux, une promesse conditionnelle, celle de faire ce qui sera reconnu possible, dans les circonstantes données; on ne peut s'engager que d'après ce que l'on peut, d'après ce qui se rapporte au temps des promesses et d'après ce qui ne coûte rien à autrui. Quel est le fondement et la valeur de la promesse qui consiste à dire : Je vous ferai donner par *un tiers*. L'heure d'une indemnité pour l'émigration a été mobile comme le temps ; peut-être avait-elle sonné en 1814. Ce qui convenait à cette époque, est-il de mise dans celle-ci ? Alors il fut commis deux fautes ; le comte Ferrand irrita, par un propos lancé du haut de la tribune avec beaucoup d'imprudence, et qui rappelait le souvenir de sa correspondance de Coblentz. La proposition du maréchal duc de Tarente coûtait trop cher; dans ce temps, on n'était pas familiarisé avec *les millions*, comme on l'est aujourd'hui. Notre éducation passivement financière n'était pas encore faite, et les théories étaient plus modestes. De plus, la France était encore étourdie d'une chute dont elle sentait plus la douleur qu'elle n'en pénétrait la cause ; ses conquêtes arrosées du sang de trois millions de ses enfans venaient de lui échapper ; naguère reine de l'Europe, elle subissait ses lois ; ces objets étaient présens, ces souvenirs cuisans ; plût au ciel qu'ils eussent toujours été tenus en compte dans ce qui a été fait ; la survenance d'une demande de trois à quatre cent millions forçait la mesure du possible dans ce temps ; un long ajournement devait en être la suite. Mais si une voix moins exigeante s'était élevée, et avait dit : L'honneur de la nation exige que les regards du monarque ne soient pas affligés par la rencontre des malheurs dont le principe se rapporte à un tribut de fidélité, à un hommage de dévoûment pour lui. Que des bornes eussent été assignées, que les postes activement occupés dans d'autres services eussent été comptés, ainsi que les retours de fortune déjà assurés, il est à présumer qu'un assentiment général eût sanctionné une proposition qui semblait réunir l'accomplissement des devoirs à l'observation des convenances. Mais qu'il y a loin de là à ce que l'on demande aujourd'hui ! dans ce temps-ci, les années sont des siècles ; depuis 1814 la question de l'indemnité a changé complètement de face. L'émigration de 1814 n'est plus celle, de 1825 ; elle a marché à pas de géant.

Alors on pouvait être touché par le spectacle du malheur ; aujourd'hui on l'est par un autre ordre de choses qui lui est tout contraire ; alors, il était, question de secours pour l'infortune, aujourd'hui *pour la plupart*, il s'agit de diamans ou de palais ; et quelle nation peut se croire tenue de fournir des diamans et des palais ? quelle proportion peut-on établir entre ces deux mots : *indemnité* et *millions; millions* pour celui-ci, *millions pour celui-là; centaines de mille francs* pour d'autres : quel sentiment peut exciter dans le corps de la nation, la lecture habituelle de ces phrases ; *on dit que les maisons, les familles N. N. auront tant de millions ; et que vingt ou trente d'entre elles absorberont le quart, le cinquième, le tiers du milliard.* La nation qui paie, peut-elle être bien touchée de ces annonces, et se sentir soulagée du désagrément que tout impôt porte avec lui, par le plaisir de penser à tout celui que la perspective et la réalité de ces millions procureront à ces *heureux* de l'indemnité. L'émigration fait de cet espoir et de ses projets le sujet habituel de ses entretiens. On peut croire que l'attrait des auditeurs est en raison inverse de celui des interlocuteurs; le temps a refroidi sur les impressions subsistantes et ravivées en 1814? de toute part on s'est *casé*. Ce qui peut encore rester de malheurs réels provoque une amélioration à son sort ; mais il y a loin de là à une indemnité d'un milliard, charge publique, à titre général de *droit*. Le temps arrive, où il appartiendra de discuter ce *droit* à ceux qui, parmi nous, sont investis du pouvoir de faire la loi. Jamais leur position ne fut plus grande, ni mieux faite pour parler à leur cœur : c'est dans cette occasion que se développeront, à côté de leurs talens, leurs sentimens patriotiques, leur noble courage, le courage civil, plus rare et plus précieux que le courage militaire, ce courage dont la nature a été si prodigue envers les Français, et auquel il est de leur honneur d'égaler leur courage civil. Celui-ci s'alimente du feu sacré de l'amour de la patrie, que Bossuet dit avoir fait le fond du cœur des Romains. Ferme sans rudesse, hardi sans provocation, inflexible sans dureté, inébranlable sans immobilité, serviteur sans servilité, respectueux sans flatterie, le courage civil est aussi nécessaire au citoyen, que le courage militaire l'est au guerrier ; le cardinal de Retz élève le courage du président Molé jusqu'à la hauteur où celui du grand Condé semblait avoir placé les bornes de l'intrépidité humaine.

Tant d'hommes qui n'ont jamais reculé devant

aucune difficulté, qui ont affronté d'un œil serein
tant de dangers, sentiront dans cette occasion tout
leur courage revivre et s'enflammer. Quelle plus
vaste et plus noble carrière pourrait-il avoir à
fournir ? car il s'agit ici de fixer enfin d'une manière positive les droits de la cité et des citoyens,
à l'égard les uns des autres ; il y a à pourvoir
aux besoins que le moment découvre, comme à
ceux que l'avenir fait pressentir ; ce n'est pas tout,
un changement dans la fortune des individus apporte avec lui un changement, une combinaison
nouvelle dans la formation de nos élémens sociaux :
il est arrivé chez nous que les combinaisons électorales ont pu donner à la chambre élective, celle
où l'élément démocratique a sa place légale, un
nombre dominant d'élémens, puisés dans l'ancienne aristocratie ; l'indemnité appellera à en
faire partie une portion fort considérable de ces mêmes individus qui en étaient exclus par le défaut
de fortune inférieure au cens électoral ; cet objet
est de la plus haute importance pour la direction
même de l'État ; il y a plus que de l'argent dans
cette affaire, et quand on en sera là, qui peut douter que des voix généreuses, interprètes d'un sentiment général, profond, ne réclament l'observation des lois si chères aux Français, celles de l'honneur, qui interdit de voter dans sa propre cause,

et qu'elles ne demandent cette récusation aux mêmes hommes qui, au nom de ce même honneur, firent grossir les rangs de l'émigration.

Que les difficultés, que la perspective de l'inégalité de la lutte ne les décourage pas : le *soldat ne doit pas la victoire, mais le combat.* Naguère la France a étonné et épouvanté le monde par les éruptions de son courage militaire ; elle en a semé les monumens depuis Memphis jusqu'à Moskow. Pour changer d'objets dans son application, une vertu ne se détruit pas, et les palmes, pour avoir moins d'éclat, peuvent n'avoir pas moins de prix. Quelles sont belles les palmes qui attendent les hommes généreux qui se dévoueront sans réserve à cette belle cause, à cette cause de la France! La France est là avec toute son attention, l'histoire avec son burin, et les triomphes négligés aujourd'hui, peuvent laisser de vifs regrets dans six mois.

FIN.

La France, l'Emigration et les Colons; 2 vol. in-8., déc. 1824.   10 fr.

Lettre à un Électeur de Paris; 1 vol. in-8.   3 fr.

L'Europe et l'Amérique en 1821; 2 vol. in-8. Paris, 1822.   12 fr.

L'Europe après le Congrès d'Aix-la-Chapelle, faisant suite au Congrès de Vienne, 2ᵉ édition; 1 vol. in-8.   6 fr.

L'Europe et l'Amérique depuis le Congrès d'Aix-la-Chapelle; 2 vol. in-8.   9 fr.

Mémoires historiques sur la Révolution d'Espagne; 1 vol. in-8.   7 fr.

Parallèle de la puissance Anglaise et Russe, suivi d'un aperçu sur la Grèce, 2ᵉ édition; 1 vol. in-8.   4 fr. 50 c.

Procès complet de M. de Pradt pour l'affaire de la loi des élections; 1 vol. in-8.   3 fr.

Préliminaires de la Session de 1817; 1 vol. in-8. 3 fr. 50 c.

Pièces relatives à Saint-Domingue et à l'Amérique; 1 vol. in-8.   3 fr.

Petit Catéchisme à l'usage des Français sur les affaires de leur pays, 2ᵉ édition; 1 vol. in-8.   3 fr. 50 c.

Quatre Concordats (les), suivis de considérations sur le gouvernement de l'Église en général, et sur l'Église de France en particulier depuis 1815; 4 v. in-8. 22 fr. 50 c.

Récit historique sur la restauration de la royauté en France, le 31 mars 1814; 2ᵉ édition.   2 fr.

Les six derniers mois de l'Amérique et du Brésil; 1 vol. in-8.   4 fr. 50 c.

Les trois derniers mois de l'Amérique méridionale et du Brésil, 3ᵉ édit., revue, corrigée et augmentée; 1 vol. in-8., 1825.   3 fr.